AF385311

PAUL-ALBERT SIMONNE

LA TUNISIE

ET

LA CIVILISATION

PARIS
MICHEL LÉVY FRÈRES, ÉDITEURS
Rue Vivienne, 2

1867

PAUL-ALBERT SIMONNE

LA TUNISIE

ET

LA CIVILISATION

PARIS
MICHEL LÉVY FRÈRES, ÉDITEURS
Rue Vivienne, 2

1867

LA TUNISIE

ET

LA CIVILISATION

PARIS

IMPRIMERIE POITEVIN

RUE DAMIETTE, 2 ET 4

1867

LA TUNISIE

ET

LA CIVILISATION

I

Le monde civilisé a encore les yeux tournés vers l'Orient. Cette terrible question, qui pèse d'un poids si extraordinaire depuis tant de siècles sur l'Europe, est à la veille d'être de nouveau posée. Et il ne faut point se dissimuler qu'à la solution de ce problème redoutable, sont attachées fatalement les grandes destinées de l'univers.

Du reste, le bassin de la Méditerranée, grâce à sa situation géographique admirable, semble avoir été désigné pour être le point de contact nécessaire de toutes les races humaines. Ce fut là, pour ainsi dire, le grand creuset où vinrent se fondre et s'amalgamer les peuples les plus hétérogènes, les populations les moins faites pour s'entendre.

Que de métamorphoses sont sorties de cet immense bouillonnement ! Que de transformations ont été opérées par ces mélanges vertigineux de nationalités civilisées et de peuples barbares !

Que nous réserve l'avenir ? Devons-nous assister à de nouveaux bouleversements, et ces frémissements fiévreux, qui semblent agiter en ce moment les populations orientales, musulmanes ou chrétiennes, ne sont-ils pas les incontestables précurseurs des tempêtes qui pourraient compromettre encore l'équilibre du monde moderne ?

Telle est l'énigme qu'il s'agit de déchiffrer, si l'on ne veut être pris au dépourvu, au moment d'une catastrophe si toutefois, par malheur, elle ne pouvait être conjurée.

II

Elle est longue et émouvante l'histoire des différents pays que baigne la Méditerranée. Que de luttes pour obtenir la souveraineté absolue sur ces ondes bleuâtres,

si souvent teintes de sang par les ambitions humaines!
Partout en effet, sur ces rives favorisées par la nature,
aussi bien sur celles du midi que sur celles du nord, se
retrouvent les empreintes des pas de tous les conquérants de l'humanité.

Tous comprenaient que, pour s'assurer une com-
plète et paisible possession du monde civilisé, il leur
fallait exterminer toute rivalité, partout où elle se
trouvait.

Aussi tour à tour, Tyr, Sidon, Athènes, Jérusalem,
Carthage, Rome, Alexandrie, Constantinople, devin-
rent-elles maîtresses de la Méditerranée, mais pour se
voir arracher bientôt ce pouvoir par des mains plus
vigoureuses ou plus neuves.

Il semble que le destin ait réuni sur ce point du
globe, tous les bienfaits auxquels l'homme peut pré-
tendre : Climat sain et tempéré, chaînes de montagnes
admirablement situées, fleuves vastes et profonds, terre
d'une fécondité extraordinaire, mer et ciel, presque
toujours d'un bleu limpide, et soleil sans cesse rayon-
nant cette lumière et cette chaleur, qui font croire
aux enfants des déserts, que les pays d'Occident sont
voilés d'un crêpe. Tel est l'Orient.

Aussi n'est-il pas étonnant que toutes les races
humaines aient cherché à s'emparer de ce que leur

instinct leur faisait deviner devoir être un jour le centre de l'univers.

Ce rêve, dont la réalisation a été tentée vainement tant de fois, et par les individualités les plus puissantes, semble encore être actuellement à l'ordre du jour, et menacer sérieusement la paix du vieux continent. La Chrétienté et l'Islamisme, les deux adversaires, qui depuis l'anéantissement de Rome et de Carthage, se sont jusqu'à présent disputé l'Empire de la Méditerranée, sont, dit-on, prêts à toutes les violences, pour atteindre leur but traditionnel.

Un examen, rapide mais sérieux, de l'état actuel des différents pays qui entourent la Méditerranée, peut, à notre avis, calmer bien des inquiétudes, et montrer une bonne fois pour toutes combien l'Islamisme est peu hostile à la civilisation chrétienne, puisqu'il s'assimile avec avidité tous les bienfaits qui en surgissent.

On se fait généralement idée qu'à Constantinople se trouve le centre du génie de l'Islam : c'est là, dit-on, qu'il faut aller chercher ces instincts progressistes, ces aspirations libérales qui doivent un jour régénérer les enfants de Mahomet, et concilier leur ardeur religieuse avec la science, les arts, l'industrie des sociétés modernes d'Occident. Cette erreur vient de ce qu'on ne se rend pas assez compte de l'impuissance des sultans de Constantinople à prendre la moindre initiative.

En effet, par une fatalité géographique, cet empire vit neutralisé par les ambitions de ses voisins, qui ne le veulent tolérer ni grand, ni prospère, pour qu'il n'ait jamais de velléités d'indépendance.

Il est nécessaire à l'équilibre européen, et comme tel, livré à toutes les vicissitudes d'un protectorat collectif ; il ne peut que suivre de loin le progrès, et n'en être éclairé faiblement que par les pâles reflets.

En outre, cette neutralisation énervante est considérablement aggravée encore par une suzeraineté dérisoire sur des populations, hostiles religieusement, politiquement et socialement, et dont le mauvais vouloir devient tous les jours de plus en plus menaçant. N'est-il donc point tout naturel, qu'une puissance quelle qu'elle soit, en proie à de pareils tiraillements extérieurs et rongée dans son sein par tant de fanatisme et de haine, soit impuissante à figurer dignement, à côté de puissances composées de populations homogènes et affranchies de cette contrainte qui se dissimule sous le nom de protectorat.

Il faut chercher ailleurs une puissance mahométane pouvant tenir haut et ferme le drapeau du Prophète, et montrer en dépit des ignorants et des fanatiques, que les doctrines de Mahomet sont loin de proscrire la civilisation moderne.

L'Égypte s'offre la première aux regards, mais là on rencontre les mêmes obstacles qu'à Constantinople : sa position géographique lui est funeste.

D'un côté, elle tient l'isthme de Suez, que la France neutralise ; de l'autre, elle est la route des Indes pour l'Angleterre, qui n'en fera jamais le sacrifice, surtout si Constantinople tombe un jour sous la lourde main de la Russie. De plus, l'Égypte, dans le cas où tout resterait dans l'ordre actuel, est vassale de la Sublime Porte, qui n'abandonnera sous aucun prétexte cette suzeraineté.

Si l'on tourne les yeux du côté du Maroc, on trouve des impossibilités non moins grandes. En effet, là règne encore le moyen âge ; tout y est à créer, et, par le temps qui court, malheur aux peuples qui ne sont pas encore nés !

Il n'y a donc que le royaume de Tunis, qui soit dans d'excellentes conditions pour remplir la grande mission de sauver les destinées de l'Islam.

Effectivement ce pays, comme nous allons le prouver dans un instant, possède plus qu'on ne semble le croire, les qualités qui font qu'un peuple, s'il n'est pas encore complétement au niveau des nations les plus civilisées de l'Europe, est bien près d'y arriver.

III

La Tunisie forme la partie orientale de l'Atlantide. Le Tell, qui est la partie des terres cultivables entre la mer et la chaîne de l'Atlas, y est beaucoup plus profond qu'en Algérie. Les montagnes y sont moins hautes et les rivières plus nombreuses et moins tumultueuses; aussi le sol y est d'une fécondité extraordinaire; l'olivier y abonde et le coton y pousse aussi bien que dans les meilleurs territoires cotonniers des États-Unis.

Lorsque l'on arrive à la Goulette, le port de Tunis, on aperçoit à droite la plaine immense au milieu de laquelle se dressait Carthage; et à gauche, Tunis s'épanouit au bord d'un lac limpide.

Il est néoessaire ici de faire un résumé rapide de l'histoire de ce coin du monde où tant d'événements mémorables se sont succédés.

Après la destruction de Carthage par les Romains, ceux-ci appelèrent cette partie de l'Atlantide : *Africa propria*, épithète qui indiquait la fertilité du sol et l'importance de la contrée conquise. Mais cette nouvelle civilisation ne fut pas de longue durée; la richesse de ce pays portait malheur à tous ses conquérants successifs. En effet, les Numides et les Vandales en disputèrent, avec des fortunes diverses, la possession aux Romains. Puis vint la domination greco-byzantine, fondée en 533, et remplacée à son tour, au septième siècle, par le Califat de Sidi-Okba.

Au seizième siècle, les Espagnols s'emparèrent de l'Atlantide, et Aroudj-Kheir-Ed-Din, venu de Tunis au secours des Algériens, fonda Alger, et y implanta la domination turque. Le frère d'Aroudj, pour dompter les Tunisiens, appela à son aide le sultan Selim, et en devint le vassal, moyennant le titre de Dey. Charles-Quint, lui aussi, s'immisça dans les affaires de la Tunisie ; après s'être emparé de la Goulette, il y rétablit le roi Muley-Hassan: Quelques années plus tard, le Dey d'Alger Ali-Kilidj, prenait Tunis, et bientôt Sinan-Pacha chassait les Espagnols de la Goulette. Ce fut alors que la Tunisie devint une province turque, gouvernée par un pacha. En 1591, la milice turque renversa ce gouvernement et donna le pouvoir à 300 Deys ; mais ceux-ci furent chassés à leur tour par l'un d'eux, nommé Othman, qui prit en main l'autorité suprême.

Ensuite régnèrent des pachas nommés par les Makhsen, soldatesque indigène, qui étaient tributaires de la Sublime Porte. Puis un Dey d'Alger, profitant des discordes, reprit encore la Tunisie sous sa domination. Enfin Hamouda-Pacha résolut de se débarrasser et des Algériens et des Turcs, il fit massacrer toute la milice turque et rendit la Tunisie maîtresse de son propre sort.

L'indépendance de la régence fut proclamée, juste au moment où les troupes françaises plantaient glorieusement leurs drapeaux sur les murailles d'Alger. Ce fut sans doute grâce à cet événement mémorable, que la Turquie demeura impassible et muette, en se voyant arracher un de ses plus beaux pachaliks. En effet, le successeur d'Hamouda, le bey Hassen, forma quelques bataillons indigènes dont il donna le commandement à des officiers français ; c'en était assez pour tenir le sultan de Constantinople en respect. Le Croissant et la Croix pour la première fois, s'unissaient sous la nationalité naissante. Mais Hassen, pour un motif ou pour un autre, se considéra comme satisfait de cette avance considérable à la civilisation occidentale, et préféra laisser la tâche la plus pénible, et par conséquent la plus glorieuse, à ses successeurs.

Mustapha-Bey régna trop peu de temps pour rien accomplir ; ce fut donc à Ahmed-Bey, proclamé en 1837, qu'il fut donné de régénérer son pays et de lui imprimer l'impulsion civilisatrice, qui, avant peu, devait placer la Tunisie à la tête de l'Islam. Ahmed-Bey avait fort à faire ; il avait d'abord à lutter contre le fanatisme de ses sujets, qui le poussaient à prendre fait et cause pour les Algériens, dans leur conflit contre la

France ; il avait ensuite, à repousser énergiquement toutes les tentatives de la Sublime Porte, pour rétablir ses droits de suzeraineté sur son ancienne province.

Ces deux écueils il fallait les éviter à tout prix, et pour cela une main de fer était nécessaire. Ahmed le comprit, et commença par briser toutes les résistances intérieures, en établissant une dictature impitoyable. Il vit que pour ne pas être entraîné à faire la guerre sainte aux chrétiens, dont les victoires éclatantes venaient chaque jour enivrer ses sujets de haine contre la civilisation de l'Europe, il devait, avant tout, s'appuyer sur une armée forte et dévouée à sa dynastie,

Il créa cette armée et toute sa vie fut employée à la perfectionner et à la rendre disciplinée. Il réussit si bien, qu'en 1848 il pouvait mettre en ligne près de 36,000 hommes équipés et armés à la française.

Naturellement, pour tenir cette armée convenablement sur pied, il lui fallait de l'argent ; il régularisa les impôts, taxa de nouveau les oliviers, qui déjà payaient la dîme, établit le *rebá*, qui ressemble beaucoup à nos impôts indirects et au droit prélevé sur les patentes, et enfin, créa le monopole du tabac. Toutes ces nouvelles charges imposées aux populations tunisiennes, donnaient annuellement une somme de 9 millions de francs.

Je sais bien que ces résultats furent obtenus, après mille résistances obstinées de la part des contribuables ; que la manière de percevoir l'impôt, était encore fort irrégulière et pleine de violences ; mais ne doit-on pas tenir compte du milieu dans lequel Ahmed était forcé d'opérer, et de la corruption des agents qu'il était obligé d'employer.

Enfin, quoi qu'il en soit, deux choses étaient obtenues, et deux choses qui, jusqu'à ce jour, avaient été jugées impossibles par les plus habiles administrateurs du vieux monde qui s'étaient trouvés en contact avec les populations indisciplinables de l'Afrique septentrionale : une armée disciplinée et un impôt régulier.

IV

La politique extérieure d'Ahmed fut-elle aussi heureuse ?

Les résultats obtenus et la position actuelle de la Tunisie répondent encore affirmativement à cette question.

En effet, Ahmed, possédant à ses portes, une puissance aussi formidable que la France, devait craindre qu'un conflit ne vînt le mettre dans la nécessité de repousser une absorption violente. De plus, la Sublime Porte était toujours menaçante. En 1837, une flotte turque vint pour rétablir le gouvernement turc à Tunis; mais, trouvant à la Goulette une escadre française, elle s'en retourna comme elle était venue. En 1841, une nouvelle flotte turque, portant un corps considérable de débarquement, se montra de nouveau dans les eaux tunisiennes ; mais encore cette fois, le pavillon français s'opposa au débarquement. Une escadre anglaise parut en cet instant et protesta contre l'immixtion de la France dans les affaires de Tunis. Un conflit était imminent, lorsque éclata une insurrection en Crète, et que lord Palmerston fut précipité du pouvoir. Ces deux événements rendirent au royaume de Tunis son indépendance définitive.

Mais ces deux services signalés que la France rendit à Ahmed, furent mal récompensés, il faut l'avouer. Cependant, on doit s'en prendre plutôt à la position critique d'Ahmed, que ses sujets accusaient de trahir la cause de l'Islam, en donnant la main ouvertement aux ennemis acharnés de l'Algérie, dont les succès se multipliaient à chaque instant. D'un autre côté, les Anglais attisaient dans l'ombre le fanatisme des Arabes, et fournissaient sous main, armes et munitions pour continuer la guerre sainte, la jalousie britannique, comprenant parfaitement que cette nouvelle France, qui se fondait sur la rive méridionale de la Méditerranée, serait un jour le plus rude obstacle au développement du génie conquérant de l'Angleterre.

Ahmed, pressé souvent par les siens de prêter main-forte à Abd-el-Kader, et sollicité instamment par les agents anglais, fit plusieurs démonstrations hostiles à la France sur les frontières de la province de Constantine. Mais toujours il s'arrêta avant d'agir, ayant ainsi auprès de ses populations, le bénéfice de ses bonnes intentions, sans courir les dangers de la lutte.

Aussi dans cette position pleine de périls, ayant à tenir en échec ses redoutables adversaires, et à maintenir son autorité chez lui, Ahmed fit preuve de qualités diplomatiques de premier ordre, sans lesquelles le royaume de Tunis eût été, sans aucun doute, jeté à l'aventure au milieu des mille orages de la politique et de la guerre.

N'oublions pas aussi que c'est à Ahmed-Bey que l'on doit en Tunisie, l'affranchissement des noirs. Il signa un décret, déclarant que dans la régence de Tunis il n'y aurait plus désormais que des hommes libres.

Ce fait seul ne suffit-il pas pour faire passer le nom de ce prince à la postérité ?

Le successeur d'Ahmed-Bey, son cousin Mohammed-Bey, fut un homme doué d'une remarquable intelligence. Il continua la tâche de son devancier, l'améliora considérablement, en confiant le soin de ses

affaires à des étrangers éclairés, qu'il sut attirer près
de lui. Il professait un grand amour des lettres et des
beaux-arts, et recevait magnifiquement les écrivains et
les artistes. Il mourut en 1859, laissant au Bey qui lui
succédait le soin de parachever l'œuvre qu'Ahmed-
Bey lui avait léguée.

<h2 style="text-align:center">V</h2>

S'il est vrai que l'avenir d'un pays réside principalement, soit dans sa position géographique, soit dans sa
richesse territoriale, jamais contrée ne fut appelée à un
plus grand avenir que la Tunisie, cette partie favorisée
de l'Atlantide, cette terre où fleurit jadis Carthage et
qui fut le grenier de Rome.

Ce que le sol de cette contrée fortunée peut donner
de produits divers est immense ; l'importance que lui
assure sa position géographique qui en fait le point de
transit naturel entre le Levant et l'Europe, d'une part,
et l'intérieur de l'Afrique, de l'autre, est incalculable.

Nous avons démontré comment jusqu'à l'époque de
l'occupation française en Algérie, la régence de Tunis
avait mérité son nom d'État barbaresque entre tous les
États musulmans de la côte septentrionale d'Afrique.

Toutefois, si les populations tunisiennes s'étaient

rendues redoutables à l'Europe par leur caractère aventureux et par leurs entreprises audacieuses, il faut dire que ces penchants à la piraterie, grâce à laquelle elles pouvaient se procurer, sans être astreintes à un pénible labeur, des ressources considérables, avaient singulièrement nui chez elles au développement de l'agriculture et de l'industrie. On pensait à la course nullement à la charrue, et comme on prenait aux autres ce qui manquait à Tunis, on se reposait en grande partie sur les pirates du soin d'alimenter par leurs prises les bazars de la régence.

Mais quand Alger fut conquise, quand la domination française se fut implantée sur une étendue de 200 lieues de littoral, lorsqu'il fut devenu impossible d'écumer les mers, il fallut bien songer à exploiter les ressources du pays.

C'est à partir de ce moment que l'on vit l'agriculture gagner du terrain, s'avancer de la moyenne Tunisie plus avant vers les côtes et prendre une extension jusqu'alors inconnue ; c'est également à cette époque que l'industrie indigène se développa sérieusement.

<h1 style="text-align:center">VI</h1>

Le territoire de la régence a été divisé par la nature

en trois zones bien distinctes qui, chacune donnent des produits bien différents. Ce sont : la zone du rivage, la zone de l'intérieur et la zone dite des dattiers.

Dans la première on récolte le blé.

Le fertilité du sol est si grande que dans la partie désignée sous le nom de *Tell* par exemple, celle qui par sa fécondité étonnait si fortement les Romains, il est commun de voir une tige de blé porter de 90 à 100 épis. Et ces résultats sont obtenus sans peine, il suffit de gratter pour ainsi dire le sol, pour qu'aussitôt il se montre prodigue du trésor qu'il renferme. On conçoit qu'avec une semblable force de production la Tunisie ait de tout temps fait plus ou moins le commerce d'exportation des céréales. Cependant sous le règne d'Ahmed-Bey, l'agriculture fut réellement délaissée pendant quelques années; vers 1848, il se produisit un fait unique sans doute dans les annales agricoles de la régence; on dut importer du blé de l'étranger.

Cet état de choses fut dû à deux causes essentielles.

Premièrement au désir d'Ahmed d'organiser puissamment l'armée ce qui enleva un grand nombre de bras à l'agriculture et secondement à la nécessité dans laquelle il se trouva de subvenir aux dépenses du Gouvernement qui allaient sans cesse croissant, tandis que par suite de l'anéantissement de la piraterie, ses revenus diminuaient.

Pour combler les déficits Ahmed ne trouva rien de mieux que d'augmenter dans une forte proportion les impôts existants, et l'agriculture qui était déjà soumise à des redevances considérables, se vit alors atteinte par des mesures fiscales écrasantes; aussi fut-elle généralement abandonnée.

Mais s'il est vrai que toute médaille a son revers, il est vrai aussi que toute médaille a son endroit. Je veux dire par là que beaucoup d'habitants de la plaine en abandonnant la culture de la terre qui ne suffisait plus à leurs besoins cherchèrent à améliorer leur sort en s'appliquant à une industrie quelconque, et nombre d'entre eux émigrèrent à Tunis ou dans ses environs. De telle sorte qu'après avoir reçu une première impulsion au moment de la disparition de la piraterie, l'industrie indigène qui pour beaucoup d'articles rivalise aujourd'hui avec les industries des pays les plus civilisés et qui, pour certains autres, domine exclusivement, reçut une seconde impulsion par suite du découragement des populations agricoles.

Ceci démontre que l'agriculture, l'industrie et le commerce tunisiens sont pour ainsi dire d'origine récente, puisque leur développement sérieux date d'une trentaine d'années à peine et que pendant cette période leur essai a été comprimé d'une manière permanente.

Cependant les produits naturels ou manufacturés de la régence ont brillamment figuré à la grande Exposition de 1855 et ne figureront pas moins brillamment à celle de 1867.

VII

Ces magnifiques résultats sont dus principalement à l'initiative du souverain actuel Mohamed—es—Sadok et à sa volonté ferme de répandre dans le pays qu'il gouverne la civilisation européenne. Mais pour réaliser le but qu'il se proposait d'atteindre, le Bey Sadok a dû surmonter bien des obstacles, combattre bien des préjugés et déployer souvent une rare énergie. Quand il monta sur le trône, l'organisation administrative n'existait qu'à l'état de rudiment en Tunisie. Les impôts étaient extorqués et non perçus. Le Gouvernement tunisien éprouvait même de telles difficultés pour se faire payer qu'il était obligé d'envoyer de véritables expéditions dans les tribus, ce qui donnait lieu à une infinité d'exactions et amenait souvent, sinon presque toujours, la ruine des peuplades rançonnées. D'un autre côté et comme s'il eût voulu compléter le mal, Ahmed avait mis en pratique un système qui, s'il avait le mérite de simplifier l'action du Gouvernement et de lui assurer la perception de ses revenus, avait aussi le grave inconvénient de mettre les populations tunisiennes à la merci d'espèces de fermiers généraux à qui, moyennant une redevance fixe qu'ils payaient au Bey, on donnait le droit d'exploiter telle ou telle partie d'impôt. Quand je dis exploiter, c'est l'expression juste, car ils mettaient les populations en coupe réglée et les pressuraient de toutes manières, au plus grand désavantage du progrès industriel commercial et agricole, que le découragement arrêtait, et au plus grand détriment aussi des intérêts du souverain qui était loin de tirer tout le parti des ressources que lui aurait offertes la perception directe et équitable des redevances auxquelles il avait droit.

A peine arrivé au pouvoir, le nouveau Bey s'occupa de régulariser cette situation anormale ; il supprima les fermiers d'impôts, installa des fonctionnaires salariés qui furent l'objet d'une surveillance active, et bientôt les contributions rentrèrent plus abondamment en même temps que les contribuables se sentirent soulagés.

Mais ces réformes, tout excellentes qu'elles fussent, ne parvinrent qu'imparfaitement à remettre l'agriculture en faveur; ce ne fut que peu à peu et au fur et à mesure que les déprédations disparurent qu'elle se releva. D'ailleurs, les rapines exercées par les agents du fisc n'étaient pas la seule cause du marasme dans lequel étaient tombées les populations agricoles: une autre raison, quoique moindre, résidait dans la difficulté des communications, dans le mauvais état, dans le petit nombre et dans le danger des routes. Les multiplier, les rendre faciles et les purger des malfaiteurs qui les infestaient, tel fut le but de Sadok. On peut dire que grâce à lui, la Tunisie est aujourd'hui non pas sillonnée par tout un système de routes principales et de chemins secondaires, mais traversée par des voies qui à côté des anciennes constituent une immense amélioration. Cette façon de procéder a porté ses fruits, car grâce à la plus grande facilité des communications, grâce à la sécurité relative qu'entretient aujourd'hui une espèce de milice chargée de la police des routes, beaucoup d'indigènes qui hésitaient autrefois à venir à Tunis ou qui ne pouvaient s'y rendre qu'en caravanes, apportent dans cette ville ou dans les autres centres populeux, les produits de leurs récoltes.

Quoi qu'il en soit et malgré tous les efforts du Gouvernement, la Tunisie ne rend pas encore aujourd'hui la cinquième partie de ce qu'elle pourrait produire avec sa population actuelle, si le sol était cultivé comme il devrait l'être et si les améliorations qui ont été introduites dans l'agriculture européenne étaient adoptées par les agriculteurs tunisiens. Le laboureur procède encore de la façon la plus primitive, et pour une charrue en fer qui pénètre dans le sol et le remue, il y a cent charrues en bois qui ne font que l'effleurer. Mais pourvu que le grain soit recouvert d'une légère couche végétale, sous la double action de la fécondité de la terre et du climat, il donne des résultats que nous ne saurions obtenir chez nous avec les plus savantes et les plus soigneuses cultures.

VIII

Après le blé, c'est la culture des dattes qui est la principale du pays.

Les dattes se récoltent dans la troisième zone et procurent, soit au Gouvernement tunisien, soit aux propriétaires des champs de palmiers, des revenus considérables. Il faut d'ailleurs dire que rien n'est mieux entendu que cette culture. Si le mode tant vanté des Maures d'Espagne qui avaient fait de cette contrée, une terre merveilleuse et prodigieusement productive, existe encore quelque part, c'est évidemment dans les oasis où croît le dattier. Les habitants du pays qui se livrent à cette exploitation déploient de vrais talents d'ingénieur pour recueillir et répartir les eaux qui répandent la fécondité et transforment les sables du désert en de délicieux jardins. Tout un système de rigoles, d'écluses, de vannes, arrêtent ou livrent passage au ruisseau qui doit apporter une fraîcheur mesurée à chaque arbre et assurer une abondante récolte. Toutefois, malgré la perfection des moyens qu'ils emploient, malgré tout le parti que les indigènes savent tirer, non-seulement du fruit, mais encore de la feuille et du tronc de l'arbre qui constitue leur fortune, ces contrées pourraient voir tripler leur production si les débouchés étaient plus faciles, les transports moins onéreux, et surtout si les abus dont ils sont encore l'objet, malgré toute la sollicitude du Bey, n'entravaient pas leur industrie.

Reste maintenant l'olivier, qui est l'objet d'une vaste exploitation dans la zone intermédiaire. Cet arbre atteint dans ces chaudes contrées des proportions gigantesques, qui font que nos oliviers de Provence et du Bas-Languedoc sont comme des arbrisseaux à côté d'eux. Leur rendement est considérable. On estime que chaque pied d'olivier en plein rapport peut donner un revenu annuel et moyen de 15 à 18 francs. On voit par là que si la culture de cet arbre précieux était étendue et intelligemment conduite, elle ferait la richesse de toute la zone où il se développe. Cette richesse serait d'autant plus sûre qu'il n'en est pas en Tunisie comme dans le midi de la France, où la plupart du temps la récolte des olives manque ; là elle ne manque jamais, mais le système de culture est défectueux.

Indépendamment des trois sources de production du sol dont je viens de parler, il en existe bien d'autres encore dont je ne parlerai pas. Le tabac, la pistache, la grenade, l'orange, la pêche, etc., etc., croissent pour ainsi dire seuls, et les plantes potagères donnent des produits dont les proportions colossales rappellent les fruits que les Hébreux rapportèrent de la terre de Chanaan. Quand on traverse ces contrées fortunées, quand on voit cette végétation, ces fleurs, cet épanouissement spontané d'une luxuriante nature, on reste surpris et on se demande pourquoi l'émigration européenne va chercher si loin la *terre promise* qu'elle a sous la main.

On se le demande et pourtant la raison en est bien simple : c'est que par delà l'Atlantique fleurissent les institutions les plus belles, croissent pour ainsi dire avec les produits du sol les principes les plus libéraux, tandis que la Tunisie est encore comme tout l'Orient, la terre des préjugés et du bon plaisir.

Hâtons-nous néanmoins de rendre hommage au Prince régnant. Il a compris l'immense avenir qui était réservé à son royaume, le jour où les populations, secouant les vieux usages et ouvrant leur intelligence au souffle civilisateur, consentiraient à entrer en franches relations avec les nations européennes.

Il a hardiment tenté d'introduire dans ses États, les principes fécondants de 89; mais soit qu'il ait été mal secondé, soit que ses sujets ne fussent pas encore assez aptes à recevoir les germes qui recèlent tout progrès et tout avenir, il a vu échouer ses efforts, et, pilote audacieux, il n'a pas été compris par ceux qu'il conduisait. *Le Prince, suivant trop impérieusement les élans de son cœur, n'a eu que le tort de distribuer ses bienfaits avec trop de profusion*, a dit, à propos de la Constitution de 1861, un homme qui connaît certainement la Tunisie, M. A. de Flaux, et il a peut-être raison.

Mais quoi qu'il en soit, quel qu'ait été, en apparence, le peu de succès du Bey, son initiative n'a pas moins eu une très-grande influence sur l'état de prospérité relative dans lequel se trouve la contrée à laquelle il commande.

Il est hors de doute par exemple, qu'en présence de ses bonnes intentions et de ses efforts administratifs, un grand nombre d'étrangers de tous pays attirés par le caractère généreux du Prince et par la confiance qu'ont su leur inspirer la largeur et l'étendue de ses vues, ont afflué dans les murs de Tunis où ils ont puissamment contribué au développement de l'industrie et du commerce qui sont propres à cette ville.

IX

Les principales industries indigènes consistent dans le tissage des laines, dans la fabrication des couvertures, burnous, haïks, dans la préparation des essences, mais principalement dans la fabrication des bonnets tunisiens qui sont recherchés et enlevés sur tous les marchés orientaux. Un assez grand nombre de ces industries sont entre les mains du Gouvernement qui tire de leur exploitation un revenu considérable.

Une autre branche d'industrie dans laquelle excellent également les Tunisiens, c'est le tissage et la coloration des soies. Le pays ne produit relativement à son commerce à cet égard que peu ou point de cocons, aussi les soies gréges lui viennent-elles du Levant. Les tisseurs tunisiens font avec la matière première qui leur arrive du dehors de magnifiques étoffes aux plus brillantes couleurs. Ces étoffes sont très-recherchées par les populations noires du Sud et même par les tribus algériennes qui les préfèrent aux produits français. C'est que leurs procédés, quoique simples, sont si parfaits qu'ils arrivent à des résultats merveilleux. Il sort de leurs mains des étoffes d'une souplesse et d'une légèreté inouïes, vrai travail arachnien dont les femmes se servent en guise de voile et de parure. On peut dire que dans cette partie, la population tunisienne a montré de précieuses qualités ; c'est une industrie qu'elle a créée dans toute l'acception du mot, et à cet égard, la ville de Tunis est le Lyon de l'Afrique septentrionale.

X

Le commerce de la régence qu'entravent encore aujourd'hui bien des charges fiscales et bien des mesures administratives, est cependant très-étendu. Il est vrai que dans ces dernières années il a pris une extension beaucoup plus considérable, grâce à la protection qui, sous l'influence du Bey, a été accordée aux étrangers ; mais il est loin d'être ce qu'il pourra devenir un jour, lorsque toutes les ressources du pays auront été mises en valeur, et que, grâce à l'établissement de routes commodes, on pourra facilement s'avancer dans l'intérieur des terres et pousser jusqu'aux limites du Sahara.

Nul ne saurait dire ce qu'il y a à faire avec les peuplades sahariennes, avec le Soudan et les autres contrées de l'extrême Sud. Il s'établira certainement avant peu un commerce d'échange avec ces peuplades un commerce qui enrichira avec une très-grande promptitude les trafiquants assez hardis pour l'inaugurer sur une échelle un peu vaste. Pour le moment il est exclusivement entre les mains des Tunisiens qui le font dans des proportions très-restreintes et d'une façon toute rudimentaire.

Quoi qu'il en soit, il résulte de ce qui précède, que le commerce de la Tunisie repose sur deux éléments très-sérieux ; premièrement sur les produits du sol : blés, dattes, huiles, etc., secondement sur les produits manufacturés tels que étoffes de laine, de soie, armes, essences, qui donnent lieu au commerce d'exportation ; il repose en outre sur les objets qui, importés chez elle, fournissent non - seulement les éléments d'un négoce spécialement intérieur, mais d'un nouveau trafic avec des peuples auxquels elle sert d'intermédiaire. La régence, au besoin, se suffirait à elle-même : elle a sous la main tous les produits naturels nécessaires à son alimentation ; quant aux besoins de sa civilisation, son industrie y fournit largement. Il n'est peut-être pas un autre peuple placé dans une situation aussi avantageuse et qui achète non pas pour consommer, mais presque uniquement pour revendre en vue d'un bénéfice à percevoir. C'est évidemment là une condition industrielle et commerciale tout exceptionnelle.

D'après ce qui précède on voit que la régence de Tunis, comparée aux États qui l'environnent, leur est essentiellement supérieure. Non-seulement c'est des régions septentrionales de l'Afrique, la contrée le plus heureusement située géographiquement parlant, mais encore celle qui touche de plus près aux Européens, soit comme tendances, soit comme organisation, soit comme progrès général. Je ne parle pas de l'Égypte qui constitue dans l'ensemble des États musulmans un peuple à part, mais, à beaucoup de points de vue néanmoins, Tunis vaut encore le Caire, si même elle ne vaut mieux.

XI

Que si, maintenant, de l'intérieur des terres nous passons au littoral, nous verrons que la régence possède encore de grandes ressources au point de vue maritime. Comme toutes les côtes de l'Afrique septentrionale, les siennes offrent d'immenses richesses, qui, étant exploitées, peuvent devenir une source inépuisable de revenus et de prospérité. Ses parages sont fréquentés par des bandes de poissons de passage, qui chaque année viennent à époques fixes offrir une fructueuse moisson aux habitants du rivage. Les sardines, les thons, les espadons, les maquereaux, les pélamides affluent par quantités innombrables. Le jour où l'on établirait des pêcheries et où l'on prendrait la résolution de les mettre sérieusement en valeur, la régence se trouverait en possession d'une nouvelle et très-importante branche de commerce dont les relations s'étendraient dans tout le bassin de la Méditerranée.

XII

Le cadre que nous nous sommes tracé ne nous permet pas de développer davantage l'idée qui nous a inspiré ce rapide aperçu sur l'état de la Tunisie et sur l'influence bienfaitrice qu'elle doit exercer sur l'avenir des peuples musulmans. Toutefois nous croyons avoir suffisamment démontré que la Tunisie est le seul pays soumis à l'Islamisme qui soit franchement entré dans la voie des réformes inspirées par la civilisation moderne.

Ses souverains, sagement conseillés par les hommes éminents que la France accrédite près d'eux, ont, en moins d'un quart de siècle, changé l'état du royaume barbaresque. La plus grande part de cette gloire incombe au Bey régnant, et nous serions injuste si nous n'indiquions ici la part immense qu'ont prise dans ce mouvement les membres de la famille de Lesseps, depuis Mathieu de Lesseps, qui représentait la France à Tunis, en 1830, jusqu'au baron Jules de Lesseps qui représente à Paris le Souverain de la Tunisie.

Dans quelques jours l'Europe sera appelée à juger à l'Exposition universelle les richesses et les merveilles de cette contrée ; les produits de son industrie seront admirés par les peuples les plus avancés et tous contempleront avec envie les produits de son sol fertile.

Cette exposition de la Tunisie organisée par le zèle infatigable de M. le baron Jules de Lesseps avec l'aide de M. Chapon, architecte du Bey, montrera quelle est la puissance civilisatrice des peuples musulmans lorsqu'ils sont gouvernés par des princes éclairés et dévoués à leur pays et par des ministres aussi éminents que Sidi-Mustapha Khasnadar qui, depuis trente-cinq ans, a tenu d'une main virile les rênes du Gouvernement sous trois règnes successifs.

Quel plus bel éloge peut-on faire d'un premier ministre !

5799. — Paris. — Imprimerie Poitevin, rue Damiette, 2 et 4.